Edition Schott

Laurent Méneret

* 1963

Suite mélodique

7 pièces progressives pour guitare
7 Progressive Pieces for Guitar
7 progressive Stücke für Gitarre

SF 1008
ISMN 979-0-54350-999-3

www.schott-music.com

Mainz · London · Berlin · Madrid · New York · Paris · Prague · Tokyo · Toronto
© 2013 SCHOTT FRERES, Bruxelles/Mainz · Printed in Germany

Préface

Cette *Suite mélodique* est un ensemble de sept pièces progressives pour guitare seule. Ces morceaux d'inspiration variée allant de la musique romantique, créole, celtique, atonale en passant la valse et le mambo, permettront aux guitaristes un approche ludique et approfondie de notre instrument.

1. ***Soirée d'été,*** en Mi majeur est une pièce légère et chantante. Le thème principal se décline en deux parties où seront utilisés des barrés et démanchés.
2. ***Etude créole,*** en La majeur est un arpège composé de trois parties avec au milieu, une basse concertante avec l'accord.
3. ***Air d'armor,*** en Ré mineur est une mélodie d'inspiration celtique avec des variations rythmiques. Il y est proposé un travail sur les tierces et les démanchés.
4. ***Impressions,*** en Mi majeur et Mi mineur est une pièce composée d'une 1ère partie douce, légère et d'une 2ème partie dansante.
5. ***Frissons nocturnes,*** est une pièce plus mystérieuse, avec une ambiance atonale. Les changements de tempos, les nuances, les accents lui donneront son caractère énigmatique.
6. ***Valse de Mai,*** en Mi mineur et Sol mineur est une valse entrainante composée de deux parties distinctes. Elle nécessite l'utilisation de démanchés et barrés.
7. ***Le mambo d'Adèle,*** en Mi mineur et Mi majeur est un morceau dansant et joyeux. Il est aussi composé de deux parties complémentaires qui se joueront sur un rythme syncopé.

Laurent Méneret

Preface

This *Suite mélodique* is a set of seven pieces for guitar solo presented in increasing order of difficulty. Inspired by various styles from Romantic, Creole, Celtic and atonal music to the waltz and the mambo, these pieces offer guitarists a playful approach to a deeper understanding of the instrument.

1. **Soirée d'été** in E major is a light and melodious piece. The main theme falls into two sections, using bar chords and shifts.
2. **Étude creole** in A major is an arpeggio study in three sections, with chords in the middle section accompanying a concertante bass.
3. **Air d'armor** in D minor has a melody inspired by Celtic tunes with rhythmic variations, using thirds and shifts.
4. **Impressions** in E major and E minor has a light and gentle first section; the second section is more dance-like.
5. **Frissons nocturnes** is a more mysterious piece, atonal in mood. Tempo changes, nuances and accents confer an enigmatic character.
6. **Valse de Mai** in E minor and G minor is a lively waltz in two distinct sections. It calls for the use of shifts and bar chords.
7. **Le mambo d'Adèle** in E minor and E major is a joyful, dance-like piece. It also consists of two complementary sections, to be played with syncopated rhythm.

Laurent Méneret
Translation: Julia Rushworth

Vorwort

Die *Suite mélodique* für Gitarre solo besteht aus insgesamt sieben Stücken in progressivem Schwierigkeitsgrad. Die Vielfalt der Stücke von romantischer, kreolischer, keltischer und atonaler Musik bis hin zu Walzer und Mambo ermöglichen dem Gitarristen eine spielerische und intensive Beschäftigung mit seinem Instrument.

1. *Soirée d'été* (E-Dur) ist ein leichtes und eingängiges Stück. Das Hauptthema besteht aus zwei Teilen, in denen Barré-Griffe und Lagenwechsel zum Einsatz kommen.

2. *Etude créole* (A-Dur) ist eine Arpeggio-Etüde in drei Teilen, wobei der Mittelteil aus einem konzertierenden Bass mit überlegten Akkorden besteht.

3. *Air d'armor* (d-Moll) ist eine keltisch inspirierte Melodie mit Rhythmusvariationen, die mit Terzen und Lagenwechseln arbeitet.

4. *Impressions* (E-Dur und e-Moll) ist ein Stück, das aus einem sanften, leicht beschwingten ersten Teil und einem tänzerischen zweiten Teil besteht.

5. *Frissons nocturnes* ist ein geheimnisvolleres Stück in atonaler Stimmung. Tempowechsel, Dynamik und Akzente verleihen der Musik etwas Geheimnisvolles.

6. *Valse de Mai* (e-Moll und g-Moll) ist ein beschwingter Walzer, der aus zwei verschiedenen Teilen besteht und den Einsatz von Lagenwechseln und Barré-Griffen erfordert.

7. *Le mambo d'Adèle* (e-Moll und E-Dur) ist ein fröhliches und tänzerisches Stück. Es besteht ebenfalls aus zwei sich ergänzenden Teilen, in denen ein synkopischer Rhythmus vorherrscht.

Laurent Méneret
Übersetzung: Esther Dubielzig

Table des matières / Contents / Inhalt

Soirée d'été

Laurent Méneret
* 1963

Avec douceur ♩ = 92

1

SF 1008

Etude créole

Laurent Méneret

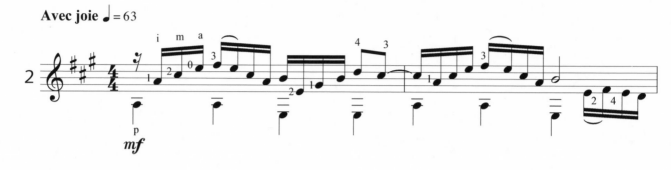

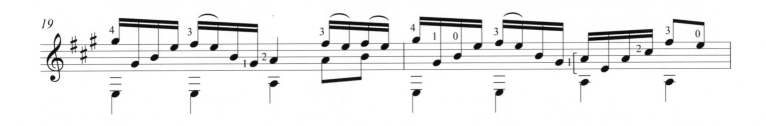

Air d'armor

Laurent Méneret

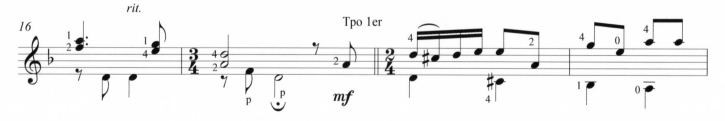

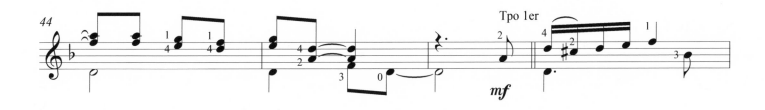

Impressions

Laurent Méneret

On laisse une page blanche pour faciliter la tourne.
This page ist left blank to save an unnecessary page turn.
Aus wendetechnischen Gründen bleibt diese Seite frei.

Frissons nocturnes

Laurent Méneret

SF 1008

à Tristan

Valse de Mai

Laurent Méneret

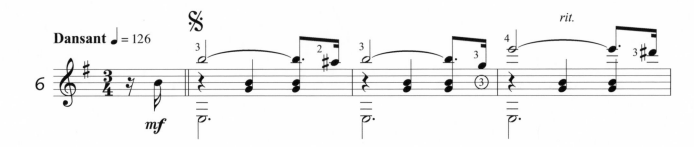

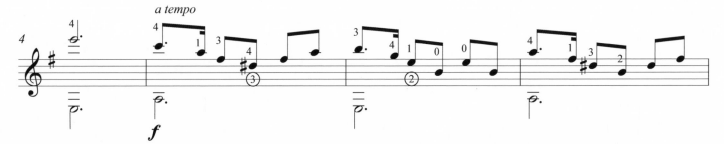

à Adèle

Le mambo d' Adèle

Laurent Méneret

SF 1008

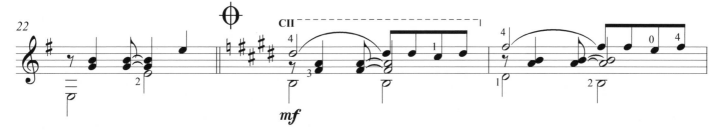

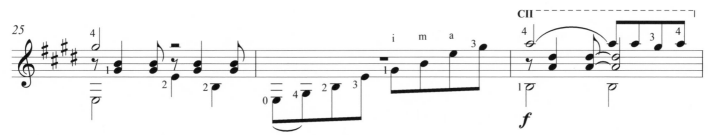

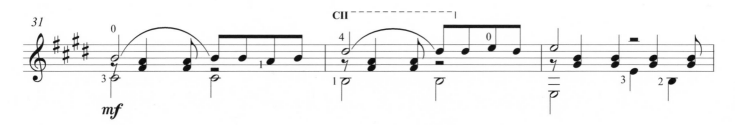

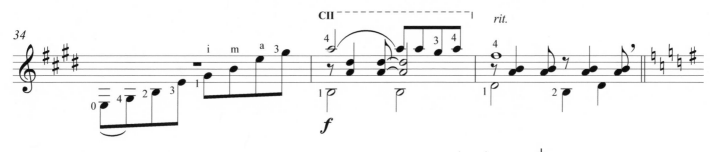

Schott Frères, Bruxelles/Mainz   SF 1008